Italienisch

Abbiocco

Die plötzliche Schläfrigkeit nach dem Verzehr einer üppigen Mahlzeit.

Japanisch

Age-otori

Das Gefühl, nach einem Haarschnitt schlechter auszusehen als zuvor.

Japanisch

Ah-un

Unausgesprochene Kommunikation zwischen engen Freunden.

Japanisch

Aidzuchi

Geräusche bei einer Unterhaltung machen, die indizieren sollen, dass man dem Gespräch interessiert folgt.

Hawaiianisch

Akihi

Sofort wieder vergessen, welchen Weg man nehmen sollte, nachdem man es gerade erklärt bekommen hat.

David Tripolina

Einzigartige Wörter

David Tripolina

Einzigartige Wörter

333 Begriffe, die es nur in einer Sprache gibt – und was sie bedeuten

riva

Bibliografische Information der Deutschen Nationalbibliothek;
Die Deutsche Nationalbibliothek verzeichnet diese Publikation in der Deutschen Nationalbibliografie.Detaillierte bibliografische Daten sind im Internet über http;//dnb.d-nb.de abrufbar.

Für Fragen und Anregungen;
info@rivaverlag.de

2. Auflage 2017

Nymphenburger Straße 86
D-80636 München
Tel.: 089 651285-0
Fax: 089 652096

Umschlaggestaltung: Manuela Amode
Umschlagabbildung: Shutterstock/Meowu, Shutterstock/DennisCox, Shutterstock/Meowu,fischers, Schutterstock/hchjjl, Shutterstock/Postertoast, Shutterstock/Vlada Young
Abbildungen Innenteil: Shutterstock/Vlady Young, Shutterstock/Marko Stamenovic, Shutterstock/Meowu, fischers, Shutterstock/Natalia Chuen, Shutterstock/Clivek, Shutterstock/Vector1st, Shutterstock/Dennis Cox
Illustrationen: Anjana Iyer
Satz: Digital Design, Eka Rost
Druck: Florjancic Tisk d.o.o., Slowenien
Printed in the EU

ISBN Print 978-3-7423-0161-1
ISBN E-Book (PDF) 978-3-95971-635-2
ISBN E-Book (EPUB, Mobi) 978-3-95971-636-9

Vorwort

Wie war das wohl, als vor langer, langer Zeit die Menschen ums Lagerfeuer hockend die ersten Worte erfanden? Was war der erste Begriff, den sie auswählten, um sich mit ihren Mitmenschen verständigen zu können?

Über die Jahrtausende schwoll der Wortschatz auf mehrere hunderttausend unterschiedliche Begriffe an. Überall auf der Welt haben die Menschen Wörter erdacht für Sonne und Mond, für Liebe und Hass, für Tag und Nacht. Die wichtigsten Begriffe gibt es in nahezu jeder Sprache - so sind auch Übersetzungen möglich.

Doch manche Wörter sind nicht so leicht zu übersetzen. So kennt nur eine einzige Sprache ein Wort für ein Mädchen, das nur hübsch ist, solange man es von hinten sieht. *Bakku-shan* nennen die Japaner solch eine Person, die nach vielversprechender Rückenansicht zur Enttäuschung wird. Man fragt sich, bei welcher Gelegenheit ausgerechnet die Japaner wohl das Bedürfnis verspürt haben, solch ein Wort zu erfinden, das sich zudem im alltäglichen Sprachgebrauch durchgesetzt hat. Gibt es übermäßig viele aufreizend gekleidete Japanerinnen, die sich als weniger attraktiv herausstellen, wenn man sie von vorne sieht?

Viele Sprachen umfassen solche einzigartigen Wörter. Wörter, die man nicht so leicht übersetzen kann, die ein bestimmtes Phänomen grandios auf den Punkt bringen und zudem ein Schlaglicht auf das Land und das Volk werfen, das dieses Wort ersonnen hat.

Auch wir Deutschen haben eine ganze Reihe zauberhafter Wörter, die keine direkte Entsprechung in anderen Sprachen haben. Nur wir kennen den Feierabend. Nur wir kennen das Fremdschämen. Und nur wir haben ein Wort für Menschen, die ihr großes Geschäft vornehmlich auf der eigenen Toilette verrichten; die Heimscheißer.

Was für ein wundersames Volk müssen die Deutschen sein, werden sich andere denken, wenn sie von unseren einzigartigen Wörtern erfahren.

Ich wünsche Ihnen nun viel Spaß beim Entdecken dieser wunderbaren Wörter. Machen Sie es sich mit dem Buch gemütlich, genießen Sie Hygge, wie das nur die Dänen so treffend bezeichnen, und tauchen Sie ein in die verschiedenen Kulturen dieser Welt.

Aloha, Ihr David Tripolina

Aware

Hallo und auf Wiedersehen, mit Liebe und Mitgefühl, wörtlich der »Atem der Präsenz«.
Hawaiianisch
Aloha

Französisch

Amour de soi

»Liebe zu sich selbst«; Selbstwertgefühl, das nicht vom Urteil anderer abhängt.

Französisch

S'apprivoiser

Beide Seiten lernen, sich gegenseitig durch Vertrauen zu zähmen.

Dänisch

Arbejdsglaede

Freude und Zufriedenheit, die durch Arbeit erreicht wird.

Französisch

Arriviste

Ein ambitionierter sozialer Aufsteiger, der dabei auch zu rücksichtslosen Mitteln greift.

Griechisch

Ataraxie

Zustand der Ruhe, den alle stoischen Philosophen anstreben. Weniger Aufregung, das beruht auf dem Verständnis der Wege des Universums, der Annahme des Schicksals und dem Wissen, was man kontrollieren kann und was nicht.

Japanisch

Aware

Der bittersüße Moment der Erkenntnis, dass transzendente Schönheit vergänglich ist.

Inuit

Ayurnamat

Eine stoische Haltung, bei der man sich nicht um Dinge kümmert, die nicht geändert werden können.

Russisch

Azart

Wärme, Aufregung, Leidenschaft, Glut; auch mit Rücksichtslosigkeit und Risikobereitschaft verbunden.

Bakku-shan

B

Japanisch

Bakku-shan

Hübsches Mädchen,
solange man es nur von hinten sieht.

Tagalog (Philippinisch)

Balikwas

Aufgrund einer Überraschung
oder eines Schrecks plötzlich
auf die Füße springen.

Tagalog (Philippinisch)

Bayanihan

Kooperatives Bestreben im
Dienste eines gemeinsamen Ziels.

Eine anmutige oder edle Geste (besonders dann, wenn etwas sinnlos ist).
Französisch
Beau geste

Indonesisch

Belum

Ein noch nicht hoffnungsvoller Wunsch.

Japanisch

Betsubara

»Extramagen«; wird gerne von Kindern verwendet, um zu erklären, warum sie noch Platz für ein Dessert haben, obwohl sie eigentlich schon satt vom Essen waren.

Bantu

Bilita mpash

Ein schöner, seliger Traum (das Gegenteil von einem Alptraum).

Schwedisch

Björntjänst

Etwas mit guten Absichten tun, das dann aber tatsächlich für unschöne Konsequenzen sorgt.

Russisch

Bogocelovecestvo

Die Rolle Gottes in der Menschheitsgeschichte.

Japanisch

Boketto

Gedankenlos in die Ferne blicken.

Französisch

Bon vivant

Jemand, der das angenehme Leben genießt und schätzt.

Deutsch

Brav

Kinder, die angenehm, ernst und gut erzogen sind.

Französisch

Bricolage

Konstruktion von etwas, bei der alles benutzt wird, was man gerade zur Hand hat.

Culaccino

C

spanisch

Cacharpaya

Eine Abschiedsparty für jemanden, der weggeht.

portugiesisch

Cafuné

Zärtliches Fahren mit der Hand
durchs Haar eines anderen.

französisch

Carte blanche

»Weiße Karte«; Blankoscheck,
der uneingeschränkte Handlungsfreiheit ermöglicht.

Hindi/Urdu

Chai Pani

»Tee und Wasser«; Gefälligkeiten oder Geld geben,
um etwas zu bekommen (ähnlich wie eine »Bestechung«,
aber ohne negative Konnotation).

Französisch

Chleuasme

Über sich selbst vor anderen schlecht sprechen, mit der Intention, von den anderen verbessert zu werden.

Englisch

Chrysalism

Die Ruhe inmitten des Gewitters.

Jiddisch

Chutzpah

Kühnheit, Frechheit.

Bulgarisch

Chuzhbinia

»Ausländerland«;
ein Ort, der irgendwo auf der Welt liegt, aber außerhalb des eigenen Landes.

Berühren oder zu Tränen rühren (z. B. durch eine herzerweichende Geschichte).
Italienisch
Commuovere

Französisch

Coup de foudre

Plötzliche und kraftvolle
Liebe auf den ersten Blick.

Italienisch

Culaccino

Die Bezeichnung für nasse Ränder, die Tassen oder Gläser nach dem Abstellen hinterlassen.

Schottisch

Curglaff

Das schockierende und belebende Gefühl, plötzlich in kaltes Wasser einzutauchen.

Walisisch

Cynefin

Die Beziehung, die man zu dem Ort hat, an dem man geboren wurde und sich zu Hause fühlt.

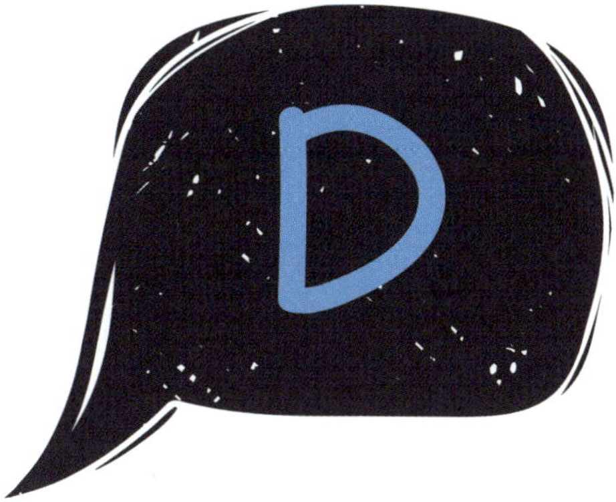
D

Sprache der australischen Ureinwohner

Dadirri

Ein tiefer, spiritueller Akt
des reflektierenden und respektvollen
Zuhörens.

Griechisch

Daimon

Eine göttliche Kraft,
die menschliche Handlungen leitet.

Koreanisch

Dapjeongneo

Die Situation, wenn jemand eine Frage
gestellt hat und man ganz genau weiß,
was man antworten wird - und dann
wartet man darauf, genau das zu sagen,
was von einem erwartet wird.

japanisch

Datsuzoku

Flucht aus der Routine.

französisch

Dépayser

Ein angenehmes Gefühl der Desorientierung in einem fremden Land spüren.

portugiesisch

Desbundar

Im Spaß seine Hemmungen verlieren.

spanisch

Desengaño

Das Erwachen aus einer Illusion.

Portugiesisch

Desenrascanço

Kunstvolle Entwirrung (z. B. aus Schwierigkeiten); eine improvisierte Lösung.

Deutsch

Doch

Aber trotzdem.

Rumänisch

Dor

Sehnsucht nach einer Person,
einem Ort oder einer Sache,
die außerhalb der Reichweite ist
und die man sehr liebt.

spanisch

Duende

Die geheimnisvolle Kraft eines Kunstwerks,
das eine Person tief bewegt;
die geheimnisvolle Macht der Kunst,
die alle fühlen, aber die kein Philosoph
erklären kann.

Russisch

Dusă

Das innere Herz und die Seele.

E

GRIECHISCH

Ekstasis

Entzücken, Trance, Staunen.

SPANISCH

Empalagar

Zu süß/vollmundig (im Geschmack).

DEUTSCH

Engelsgeduld

Große Geduld.

SPANISCH

Engentado

Sich Einsamkeit wünschen.

KOREANISCH

Eomchina

»Sohn von Mamas Freund«.
Koreanische Mütter sind häufig sehr kompetitiv und vergleichen ihre Kinder mit den Nachkommen ihrer Freunde. Dieses Wort wird verwendet, um eine Person zu beschreiben, die erfolgreicher ist als sie - damit sie motiviert werden, noch fleißiger zu sein.

FRANZÖSISCH

Esprit de l'escalier

Eine witzige Entgegnung, die einem
in den Sinn kommt, aber eben leider
erst nach der eigentlichen Interaktion.

TÜRKISCH

Estağfurullah

»Gott gebe mir Barmherzigkeit«;
wird verwendet, wenn man ein Kompliment
bekommt, das man gleichzeitig höflich
als übertrieben zurückweisen und sich
dafür bedanken will.

GRIECHISCH

Eudaimonia

Häufig übersetzt mit Glückseligkeit,
meint es jedoch die tiefste Form der Erfüllung,
oft verbunden mit einem erfüllenden
Arbeits- und Liebesleben.

Friolero

F

schwedisch

Famn

Der Bereich innerhalb von zwei Armen, zum Beispiel »in meine Arme«.

arabisch

Fanaa

Vernichtung des Ich, das zur Erleuchtung und zu der Vereinigung mit Gott führt.

niederländisch

Feestvarken

»Partyschwein«; jemand, zu dessen Ehren eine Party geschmissen wird.

deutsch

Feierabendstimmung

Festliche Stimmung, die am Ende eines Arbeitstages entsteht.

chinesisch

Fēng shuǐ

Philosophie des Raumes und der räumlichen Anordnungen (z. B. in Bezug auf den Fluss des Qi).

Chinesisch

Fēng yùn

Persönlicher Charme und grazile Haltung.

Deutsch

Fernweh

Der Ruf von weit entfernten Orten,
Sehnsucht nach dem Unbekannten.

Französisch

Feuillemort

Die Farbe von verblasstem Laub.

Schwedisch

Fika

Eine traditionelle Pause während der Arbeit,
um einen Kaffee oder ein anderes Getränk
zu trinken.

Griechisch

Filoxenia

Besonders gastfreundlicher Willkommensakt.

Deutsch

Fingerspitzengefühl

Die Fähigkeit, mit besonderem Feingefühl zu handeln.

Arabisch

Fitra

Eine angeborene Reinheit und Nähe zu Gott.

Norwegisch

Fjellvant

Gewohnt sein, in die Berge zu gehen.

Französisch

Flâneur

Jemand, der gemächlich durch die Straßen schlendert, um die Stadt zu erleben.

Italienisch

Fokolar

Der Herd als emotionales Zentrum des Hauses.

Dänisch

Folkelighed

Demokratische Stimmung; etwas findet breiten Anklang.

Norwegisch

Forelsket

Das euphorische Gefühl am Anfang der Verliebtheit.

Deutsch

Fremdschämen

Scham, die aus Mitgefühl entsteht, weil jemand anderes sich blamiert.

Französisch

Frimousse

Ein süßes, kleines Gesicht.

Beschreibt eine besondere Kälteempfindlichkeit, die nach Decken oder Umarmungen verlangt.
spanisch
Friolero

NORWEGISCH

Friluftsliv

Leben im Einklang mit der Natur.

FRANZÖSISCH

Frisson

Ein plötzliches Gefühl von Nervenkitzel, die Kombination von Angst und Aufregung.

NORWEGISCH

Fylleangst

Ein moralischer Kater; Furcht davor, was man während eines betrunkenen Blackout getan hat.

Gökotta

G

Italienisch

Gattara

Oft alte oder einsame Frau,
die sich um streunende Katzen kümmert.

Deutsch

Geborgenheit

Das Gefühl, geschützt und sicher zu sein.

Deutsch

Gelassenheit

Selbsthingabe; Entspanntheit im Hinblick
auf ein in der Zukunft liegendes Ereignis.

Indonesisch

Gemas

Ein Gefühl der Liebe oder Zuneigung,
das einen dazu bringt, dass man jemanden
so fest umarmen möchte, bis er quietscht.

Jiddisch

Gemilut hasadim

Akt der Güte.

Deutsch

Gemütlichkeit

Ein Gefühl von Komfort,
Behaglichkeit und Wohnlichkeit.

Niederländisch

Gezellig

Mehr als nur Behaglichkeit,
das tiefe Gefühl von Geborgenheit,
wenn man Zeit mit seinen Lieben verbringt.

Koreanisch

Gibun

Die Fähigkeit Emotionen und
Situationen empathisch zu lesen.

Tagalog (Philippinisch)

Gigil

Der unwiderstehliche Drang, jemanden zu kneifen, weil man ihn oder sie so liebt.

Japanisch

Giri

Eine Ehrenschuld.

isländisch

Gluggaveður

»Fensterwetter«;
wenn das Wetter durchs Fenster
gut aussieht, es in Wirklichkeit
aber nicht ist.

schwedisch

Gökotta

Früh aufstehen mit dem Ziel, nach draußen
zu gehen und die ersten Vögel singen zu hören.

indonesisch

Gotong royong

Gegenseitige Bemühung; die kollektive
Verfolgung einer Aufgabe.

Der Aufbau von Beziehungen und gutes soziales Karma.
Chinesisch
Guan xì

schwedisch

Gratrunka

Masturbieren, während man gleichzeitig sehr traurig und weinerlich ist.

spanisch

Gula

Völlerei, der Wunsch, etwas einfach des Geschmacks halber zu essen.

TÜRKISCH

Gumusservi

Der glimmende Schein, den Mondlicht auf das Wasser wirft.

ARabisch

Gurfa

Die Menge Wasser, die in eine Hand passt.

Bengali

Guru

Brüderliche Zuneigung, mit einem Gefühl der Bewunderung.

Hanyauku

H

Deutsch

Habseligkeiten

Kostbare und persönlich wichtige Besitztümer.

Jiddisch

Hachnasat Orchim

Gastfreundschaft und Respekt gegenüber Fremden.

Koreanisch

Hahn

Geduldiges Warten auf Besserung.

Rukwangali (die Sprache der Kavango im Nordosten Namibias)

Hanyauku

Auf Zehenspitzen durch den heißen Sand laufen.

MĀORI

Harikoa

Überschwänglich, euphorische Freude.

SANSKRIT

Harsha

Freude oder Aufregung, die mit
einem externen Ereignis verknüpft ist.

UNGARISCH

Házisárkány

»Hausdrachen«;
abfälliger Begriff für einen ungeduldigen
oder missmutigen Ehegatten.

NORWEGISCH

Hedersmann

Ein ehrlicher Mann mit großer Integrität.

Deutsch

Heimat

Ein Ort, an dem man sich aufgehoben, zugehörig und zu Hause fühlt.

Deutsch

Heimscheißer

Jemand, der sein großes Geschäft vornehmlich zu Hause erledigen möchte.

Walisisch

Hiraeth

Die Sehnsucht, an einen Ort zurückzukehren, der sich in unserer Erinnerung so verändert hat, dass man nicht sagen kann, ob er außerhalb unserer Vorstellungen existiert.

Hawaiianisch

Ho'oponopono

Die Praxis der gegenseitigen Vergebung und Wiedergutmachung.

Isländisch

Hugfanginn

»Geist-gefangen«; von jemandem/ etwas entzückt oder fasziniert sein.

Türkisch

Hüzün

Das düstere Gefühl, dass die Dinge im Niedergang sind und dass die Situation - oftmals politischer Natur - sich allmählich verschlechtert.

Dänisch/ Norwegisch

Hygge

Ein tiefes Gefühl für einen Ort; Wärme, Freundschaft und Zufriedenheit.

Iktsuarpok

1

japanisch

Ikigai

Das Gefühl, dass es sich lohnt weiterzuleben.

inuit

Iktsuarpok

Der Gang vor die Tür oder der Blick aus dem Fenster, um zu überprüfen, ob die Person, auf die man sehnsüchtig wartet, endlich gekommen ist.

serbisch

Inat

Trotzige Hartnäckigkeit und Stolz (manchmal zu Lasten der anderen und auch sich selbst); sich selbst Schaden zufügen, weil man zu stur für eine vernünftige Lösung ist.

deutsch

Innerer Schweinehund

Der Teil in einem Menschen, den man überwinden muss, um produktiver zu werden.

Deutsch

Innig

Tief empfunden, zärtlich, intim.

Arabisch

Inschallah

Hoffnungsvoller Wunsch, den Gott erfüllen möge.

Inuit

Inuuqatigiittiarniq

Respektvoll gegenüber allen Menschen.

Arabisch

Ishq

Wahre Liebe.

Jaksaa

Finnisch

Plötzlicher Mangel an Energie, um etwas zu tun (z. B. abends auszugehen).

Janteloven

Norwegisch/Dänisch

Eine Reihe von Regeln, die den Individualismus zerstören.

Jayus

Indonesisch

Ein Witz, der so witzlos ist (oder so schlecht erzählt), dass man schon wieder darüber lachen muss.

Jeito

Portugiesisch/Brasilianisch

Mit allen Mitteln (oft unter Umgehung der gesellschaftlichen Konventionen) eine Lösung zu finden.

Koreanisch

Jeong

Tiefe Zuneigung und Verbundenheit (auch platonisch).

Französisch

Jouissance

Körperliches oder geistiges Vergnügen.

Französisch

Jubjoter

Aus einem Traum aufwachen, dessen Ende man gerne wüsste, und versuchen, wieder einzuschlafen und weiterzuträumen.

Hindi

Jugaad

Die Fähigkeit, eine Lösung zu finden, auch wenn dafür Regeln gebrochen oder schwer improvisiert werden muss.

Komorebi

K

Dänisch

Kaek

Jemand, der fett und hochnäsig ist (nicht in einem negativen Sinn).

Griechisch

Kairos

Der günstigste Zeitpunkt für eine Entscheidung, dessen ungenutztes Verstreichen nachteilig sein kann.

Japanisch

Kaizen

Schrittweise, kontinuierliche Verbesserung.

Finnisch

Kalsarikännit

Sich zu Hause in der Unterhose betrinken und keine Anstalten machen, das Haus zu verlassen.

Japanisch

Kanso

Elegante Einfachheit, eine attraktive Abwesenheit von Unordnung.

Tulu

Karelu

Der Abdruck auf der Haut, der bleibt, wenn man ein sehr enges Kleidungsstück getragen hat.

Sanskrit

Karma

Kausalität in Bezug auf die Folgen ethischen Verhaltens.

Sanskrit

Karuna

Die Tugend des Erbarmens.

Hebräisch

Kavanah

Die Richtung deines Herzens.

Urdu

Kayf

Lustiges Gelage.

Griechisch

Kefi

Freude, Leidenschaft, Begeisterung, gute Laune, Raserei.

Indonesisch

Kekau

Das Bewusstsein nach einem Alptraum wiedererlangen und zur Realität zurückkehren.

Japanisch

Kenja

Der Zeitraum direkt nach dem Orgasmus, in dem der Mann frei von sexuellen Gedanken klar denken kann.

Englisch

Kenopsia

Die seltsame Schauerlichkeit von leeren oder verlassenen Orten.

Japanisch

Kensho

Vorübergehender Moment des Erwachens und der Erleuchtung.

Arabisch

Khalas

Etwas endlich fertigstellen, was sich in der Folge als befreiend und erlösend auswirkt.

Tagalog (Philippinisch)

Kilig

Gefühl von Schmetterlingen im Bauch, das entsteht, wenn man jemanden liebt oder anziehend findet.

»Goldene Tischlerei«; unsere Fehler und Verwerfungslinien als schön und wertvoll begreifen.
Japanisch
Kintsugi

Deutsch

Kitsch

Objekte oberflächlicher Schönheit, die unnütz und überladen sind, aber dennoch geschätzt werden.

Litauisch

Knygnešys

»Buchträger«; in der Zeit, in welcher der russische Zar die Pressefreiheit beschränkte, rettete Knygnešiai die litauische Sprache und Kultur durch den Transport illegaler Bücher, die in Preußen gedruckt wurden.

Hebräisch

Koev halev

Empathie, tiefes Mitgefühl mit dem Leid anderer.

Japanisch

Koi no yokan

Das Gefühl , auf jemanden zu treffen, bei dem Liebe unvermeidlich sein wird.

JAPANISCH

Kokoro

Herz und Verstand (und sogar Geist) kombiniert.

JAPANISCH

Kokusaijin

»Internationale Person«; jemand, der Kosmopolit ist, flexibel und aufgeschlossen.

JAPANISCH

Komorebi

Sonnenlicht, das durch Blätter fällt und gefleckte Schatten wirft.

DEUTSCH

Konfliktfähigkeit

Das Vermögen, zwischenmenschliche Konflikte konstruktiv zu lösen.

NORWEGISCH

Koselig

Gemütlich, kuschelig, warm, angenehm.

GRIECHISCH

Kósmos

Das Universum als ein komplexes und geordnetes System.

HOPI

Koyaanisqatsi

Die Natur aus dem Gleichgewicht bringen.

NORWEGISCH

Kukelure

Sitzen und nachdenken,
ohne eine Tätigkeit auszuüben.

DEUTSCH

Kummerspeck

Das Gewicht, das man zulegt,
wenn man zu viel isst, weil man traurig ist.

KOREANISCH

Kundung

Die Bewegung von Baumwipfeln, die sich im Wind wiegen.

JIDDISCH

Kvell

Stolz und Freude über die Erfolge
von jemandem anderen fühlen.

Lieko

L

Hebräisch

La'asot Chaim

Eine gute Zeit haben.

Französisch

Laissez-faire

Bereitschaft, einen eigenen Kurs zu nehmen, ohne jemanden anderen zu stören.

Deutsch

Lebenslüge

Eine Lüge, die man sich selbst erzählt, um das Leben erträglicher zu machen.

Hebräisch

Lehizdangef

»Flanieren auf der Dizengoffstraße in Tel Aviv«; sorglos Spaß haben.

Estnisch

Leiliviskaja

Die Person, die durch das Schütten von Wasser auf den heißen Herd in der Sauna (Saunaaufguss) Dampf erzeugt.

Niederländisch

Lekker

Lecker (Essen), entspannt, komfortabel, angenehm, sexy.

Latein

Lepos

Charme, Anmut, Witz.

Finnisch

Lieko

Schwerer, im Wasser gesunkener Baumstamm.

Russisch

Listopad

Fallendes Laub.

Tschechisch

Litost

Die gedemütigte Verzweiflung, die wir fühlen, wenn uns jemand versehentlich durch seine Erfolge an all das erinnert, was in unserem Leben schiefgegangen ist.

Griechisch

Logos

Die Vernunft; (in der Theologie) das Prinzip der göttlichen Vernunft.

Deutsch

Lust

Freude, Begehren, Wunsch, Zufriedenheit.

M

Ägyptisch

Maat

Gerechtigkeit und Wahrheit,
Ordnung und Gerechtigkeit; das grundlegende Prinzip des alten Ägypten.

Italienisch

Magari

Hoffnungsvoller Wunsch,
wehmütiges Bedauern in den Träumen.

Hawaiianisch

Mahalo

Dankbarkeit, Bewunderung, Lob.

Japanisch

Majime

Jemand, der zuverlässig Dinge tun kann,
ohne Probleme zu verursachen.

Yagan

Mamihlapinatapai

Ein Blick zwischen zwei Menschen, der große, gegenseitige Lust zum Ausdruck bringt, die aber unausgesprochen bleibt.

Hawaiianisch

Mana

Geistige Energie, heilige Kraft.

Māori

Manaakitanga

Gastfreundschaft, Freundlichkeit, Güte, Unterstützung, Respekt und Fürsorge für andere.

Schwedisch

Mangaia

Die Reflexion des Mondes im Wasser, die an eine Straße erinnert.

Schwedisch

Mangata

Das Schimmern des Mondlichts auf dem Wasser.

Tamil

Mannvaasanai

Der Duft des Regens auf trockener Erde.

Sanskrit

Mantra

Geistiges Werkzeug, ein Wort,
eine Phrase oder ein Ton, auf den man sich
in der Meditation konzentrieren kann.

Jemand, der eine schwierige Kindheit hatte, aber trotzdem nett und vernünftig wurde.
Schwedisch
Maskros-
barn

Bantu

Mbuki-mvuki

Ungehemmt tanzen.

serbisch

Merak

Vergnügen an einfachen Sachen finden.

griechisch

Me yia

Anrede; ein Glückwunsch und Segen für andere.

chinesisch

Ming mù

»Sterben ohne Bedauern«;
ein gutes Leben gelebt haben.

russisch

Mir

Frieden, Welt, Gemeinschaft.

Deutsch

Mitdenken

Die Fähigkeit, für sich selbst zu denken und mehr zu machen, als ausdrücklich von einem verlangt wurde.

Hebräisch

Mitzvah

Eine gute Tat (ausgeführt aus religiöser Pflicht).

Kivila

Mokita

Eine Wahrheit, die jeder kennt, aber aus Mitleid niemand ausspricht (z. B. wenn jemand untreu oder bankrott ist oder seine Arbeit verloren hat).

Japanisch

Mokusatsu

Ignorieren oder schweigen (z. B. wenn man ein Verhandlungsangebot ablehnt).

Japanisch

Mono no aware

Das Pathos der Vergänglichkeit der Welt verstehen. Ein melancholisches Bewusstsein, dass alles Schöne verblassen wird.

Dänisch

Morgenfrisk

Das ausgeruhte Gefühl nach einer geruhsamen Nacht.

Finnisch

Morkkis

Ein moralischer Kater; Verlegenheit und Scham über die betrunkenen Possen der vergangenen Nacht.

Arabisch

Muhmiqa

Eine Frau, die nur Kinder bekommt, die Idioten sind.

Murr-ma

Wagiman (Aborigines in Nordaustralien)

Die Kunst, etwas unter Wasser nur mit seinen Füßen zu suchen.

TÜRKISCH

Muvaffakiyetsizleştiricileştiriveremeyebileceklerimizdenmişsinizcesine

Weil Türkisch eine agglutinierende Sprache ist (meint die Möglichkeit des Anfügens von Affixen), kann man Wörter mit einer großen Anzahl von Buchstaben entwickeln.

Dieses Wort gilt als das längste im Türkischen. Es bedeutet nichts wirklich Verständliches; »Auch wenn du einer von denen bist, werden wir dich nicht leicht zu jemandem machen können, der etwas Erfolgloses hervorbringt.«

FINNISCH

Myötähäpeä

Das kriechende Gefühl aufsteigender Scham.

SCHWEDISCH

Mysa

Es gemütlich haben, kuscheln.

N

Deutsch

Nachlass

Sammlung von Werken, die ein Gelehrter nach seinem Tod hinterlässt.

Tagalog

Nakakahinayang

Ein Gefühl des Bedauerns für eine verpasste Gelegenheit.

Japanisch

Nakama

Bester Freund, Kumpel, für den man eine tiefe platonische Liebe empfindet.

Hindi

Namaste

»Ich verneige mich vor dem Göttlichen in dir.«

Thai

Nam Jai

»Wasser aus dem Herzen«;
selbstlose Großzügigkeit und Freundlichkeit.

TÜRKISCH

Namus

Ehre, Keuschheit, Anstand und Tugend.

URDU

Naz

Stolz darüber, dass die Liebe gegenüber einem anderen bedingungslos und unerschütterlich ist.

ISLÄNDISCH

Að nenna

Bereitschaft, Aufgaben zu erledigen, die schwer oder langweilig sind.

DYAK [BORNEO]

Ngarong

»Traumhelfer«; ein Geistführer, der in einem Traum/einer Vision erscheint und eine Lösung für ein Problem bereitstellt.

»Ultimatives Glück«, totale Befreiung vom irdischen Leiden.
Sanskrit
Nirvana

schwedisch

Nja

Weder ja noch nein (oder beides, ja und nein).

französisch

Nombrilisme

»Nabelschau«; Egozentrik, Egoismus.

griechisch

Nous

Geist, Verstand, Vernunft.

koreanisch

Nunchi

Die seltene Kunst des Zuhörens und die Fähigkeit, die Gefühle von anderen zu lesen.

bengali

Nyaka

Geheimnistuerisch, Ignoranz vortäuschend (oft abwertend verwendet).

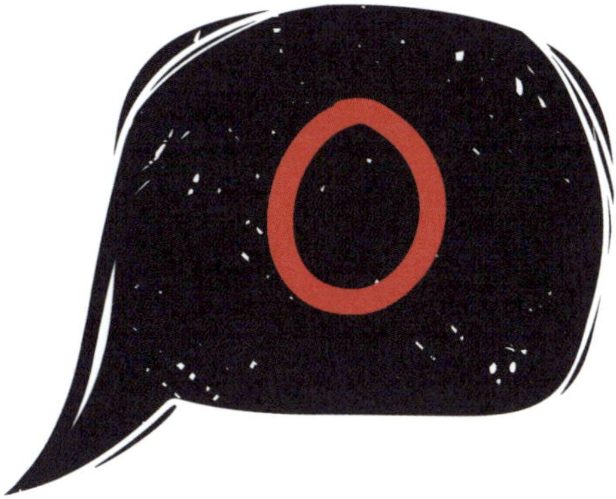
O

JAPANISCH

On

Das Gefühl,
man sei bei jemandem moralisch verschuldet
(in Bezug auf einen Gefallen).

IROKESEN

Ondinnonk

Die Natur der Seele und
die innersten Wünsche.

BORO

Ongubsy

»Liebe aus dem Herzen«.

Niederländisch
Oogs-
trelend
»Das Auge streichelnd«; etwas ist attraktiv oder ansprechend.

BORO

Onsra

Das Gefühl, man könne nie wieder so sehr lieben.

ENGLISCH

Opia

Die mehrdeutige Intensität eines Augenkontakts.

HURON

Orenda

Die Macht des menschlichen Willens, die Welt im Angesicht der mächtigen Kräfte zu ändern.

Schwedisch

Orka

Die Energie für etwas haben.

Hebräisch

Osher

Freude, zufriedenes Glück.

Japanisch

Otsukaresama

»Vielen Dank für Ihre harte Arbeit«;
Dankbarkeit und Anerkennung.

Pochemuchka

p

NORWEGISCH

Palegg

Alles, was man irgendwie
auf ein Brot schmieren kann.

ITALIENISCH

Passegiata

Ein Spaziergang, den Fuß
auf der Straße haben.

PUNJABI

Péchcha

Wettbewerb zwischen zwei Männern,
die das gleiche Pissoir benutzen,
wer länger pinkeln kann.

NORWEGISCH

Peiskos

Vor einem knisternden Kamin sitzen
und die Wärme genießen.

Mazedonisch

Petchalba

Dieses Wort existiert nur für Männer. Es beschreibt den Ritus, bei dem junge Männer ihr Haus kurz nach ihrer Hochzeit verlassen, um ihr Vermögen in der Welt zu machen, bevor sie eines Tages wieder an ihren Geburtsort zurückkehren.

Englisch

Petrichor

Der erdige Geruch, der erzeugt wird, wenn Regen auf trockenen Boden fällt.

Isländisch

Petta reddast

»Es wird alles klappen!«
(Wird vor allem verwendet, wenn die Dinge nicht optimistisch aussehen.)

Griechisch

Philia

Freundschaft, platonische Liebe (z. B. auf Basis von Vertrautheit oder gemeinsamen Interessen).

Latein

Pietas

Familiäre Zuneigung und Loyalität, Patriotismus und Frömmigkeit.

Ungarisch

Pihentagyú

Schlagfertig und scharfsinnig sein.

Zusammengehörigkeit, Gemeinschaftsgeist, gemeinsam für das Gemeinwohl arbeiten.
Inuit
Piliriqatigiinniq

Malaysisch

Pisanzapra

Die Zeit, die man benötigt, um eine Banane zu essen.

Latein

Pius

Gewissenhaft, aufrecht, treu, pflichtbewusst, respektvoll, gerecht.

Russisch

Pochemuchka

Eine Person, die immer (zu viele) Fragen stellt.

Polnisch

Poprawiny

Eine kleine Party/ein kleiner Empfang am Morgen nach einer Hochzeit.

Finnisch

Poronkusema

Die Distanz, die ein Rentier zurücklegen kann, bevor es eine Pause einlegen muss.

Chinook

Potlatch

Ein zeremonielles Fest,
bei dem etwas verschenkt wird
(z. B. um das Prestige zu erhöhen).

Niederländisch

Pretoogjes

»Spaßaugen«;
die Augen einer kichernden Person,
die sich gerade über Unfug freut.

Tschechisch

Prozvonit

Ein Telefon anrufen
und es nur einmal klingeln lassen,
in der Hoffnung, dass der Angerufene
zurückrufen wird und man sich
die Anrufkosten spart.

Latein

Pulchritudo

Körperliche Schönheit
und moralische Vortrefflichkeit.

Q

INUIT/INUPIAK

Qarrtsiluni

Zusammen in der Dunkelheit sitzen und warten, dass etwas geschieht; die seltsame Ruhe vor einem bedeutsamen Ereignis.

NIEDERLÄNDISCH

Queesting

Einen Liebhaber mit dem Vorwand einer Unterhaltung ins Bett zu locken..

spanisch

Querencia

Beschreibt einen Ort, an dem wir uns sicher fühlen und aus dem wir unsere Kraft und Inspiration ziehen. Er muss nicht identisch sein mit dem Ort, an dem wir leben.

Rire dans sa barbe

R

NORWEGISCH

Radarpar

Zwei Personen, die sehr gut zusammenarbeiten.

RUSSISCH

Razljubit

Das bittere Gefühl gegenüber einer Person, die man einmal liebte.

SCHWEDISCH

Resfeber

Die Aufregung kurz bevor eine Reise beginnt.

FRANZÖSISCH

Retrouvailles

»Wiederentdeckung«; ein Wiedersehen (z. B. mit den Lieben, die man lange Zeit nicht gesehen hat).

Sanskrit

Riddhi

Leistung erhöhen; im Buddhismus verwendet, um außergewöhnliche psychische Kräfte zu bezeichnen.

Französisch

Rire dans sa barbe

Das stille in-den-Bart-hinein-Lachen, während man sich an eine bestimmte Situation erinnert.

Shlimazl

S

Arabisch

Sahar

Gelage.

Portugiesisch

Saideira

Absacker; letzter Drink vor dem Ende des Abends.

Sanskrit

Samãdhi

Vereinigung in der Meditation.

Arabisch

Samar

Mit Freunden bei Sonnenuntergang
im Gespräch zusammensitzen.

Schwedisch

Sambo

Ein unverheiratetes Paar, das zusammenlebt.

Italienisch

Saper vivere

Die Fähigkeit, Menschen und Situationen mit Charme, Diplomatie und Verve zu behandeln.

Koreanisch

Sarang

Jemanden stark lieben.

Urdu

Sarshaarii

Glückseligkeit, dauerhafte Zufriedenheit.

Japanisch

Satori

Dauerhaftes Erwachen und Erleuchtung.

Portugiesisch

Saudade

Melancholische Sehnsucht; tiefer, emotionaler Zustand der Nostalgie über etwas oder jemanden, den man vermisst und der für immer verloren ist.

Französisch

Savoir-vivre

Wissen, wie man leben soll (besonders elegant); Vertrautheit mit Normen und Sitten.

Deutsch

Schnapsidee

Lächerlicher Plan, der häufig nach Alkoholkonsum entstand (in der Regel abwertend verwendet).

Deutsch

Sehnsucht

Intensives inneres Verlangen nach jemandem oder etwas.

Japanisch

Seijaku

Stille, Ruhe, Gelassenheit (vor allem inmitten des Chaos).

Gälisch

Sgriob

Der zarte Juckreiz, der auf der Unterlippe auftritt, bevor man einen Schluck Whiskey nimmt.

Hebräisch

Shalom

Frieden, Harmonie, Wohlbefinden und Ruhe;
benutzt auch als Gruß/Abschied.

Georgisch

Shemomechama

Über den Punkt der Sättigung
hinweg weiteressen.

Japanisch

Shibumi

Einfach, subtil;
unaufdringliche und mühelose Schönheit.

Japanisch

Shinrin-yoku

»Im Wald baden« (wörtlich oder metaphorisch).

Jiddisch

Shlimazl

Eine chronisch unglückliche Person.

Tagalog

Sigurista

Jemand, der etwas nur dann tut, wenn das (positive) Ergebnis vorher feststeht.

Ungarisch

Sirvavigadas

Sich unter Tränen mit jemandem freuen; auch im Unglück etwas Positives sehen.

Finnisch

Sisu

Außerordentliche Bestimmung im Angesicht von Widrigkeiten.

deutsch

Sitzfleisch

Die Bereitschaft, Aufgaben zu erledigen,
die schwer oder langwierig sind.

schwedisch

Skämskudde

Das tatsächliche oder eingebildete Kissen,
das man sich vors Gesicht hält,
weil einem etwas peinlich ist.

spanisch

Sobremesa

Wenn das Essen fertig ist, aber das
Gespräch noch weiterfließt.

englisch

Socha

Die verborgene Verletzlichkeit anderer.

Isländisch

Sólarfrí

Urlaub in der Sonne, das heißt, wenn Arbeitnehmer unerwartet freibekommen, um einen besonders sonnigen oder warmen Tag zu genießen.

Deutsch

Sprachgefühl

Ein intuitives Gefühl dafür, was sprachlich angemessen ist.

Italienisch

Sprezzatura

Nonchalance; die Anstrengung bleibt unter einer Sorglosigkeit verborgen.

Deutsch

Stehaufmännchen

Jemand, der nicht aufgibt.

Griechisch

Storge

Kindliche Liebe; Fürsorge und Zuneigung.

Niederländisch

Struisvogelpolitiek

Sich so verhalten, als hätte man nicht wahrgenommen, wenn etwas Schlimmes passiert.

Griechisch

Summetria

Die Verhältnismäßigkeit zwischen den Teilen und dem Ganzen.

Japanisch

Sunao

Sanftmütig, fügsam und unterwürfig (in positiver, ehrerbietiger Weise); authentisch und ehrlich mit sich selbst.

Ungarisch

Szimpatikus

Ein anständiger Mensch, bei dem man gleich bei der ersten Begegnung ein gutes Gefühl hat.

Tokka

T

Farsi

Ta'ârof

Höflichkeit, soziale Intelligenz.

Arabisch

Taarradhin

Ein Kompromiss, bei dem jeder gewinnt.

Chinesisch

Tai Qi

Oberste/ultimative Kraft.

Weißrussisch

Talaka

Die in Weißrussland gängige Praxis der gegenseitigen Unterstützung in einer Gemeinde oder in einem Dorf, für die Arbeit im Haus oder auf dem Feld.
Die helfende Person erwartet nichts anderes als eine gute Mahlzeit am Ende des Tages.

fidschianisches Hindi

Talanoa

Geschichten erzählen; Klatsch (in einer Weise, die als »sozialer Klebstoff« dient).

Arabisch

Tarab

Musikalisch-induzierte Ekstase oder Verzauberung.

Schottisch

Tartle

Der Moment des Zögerns, wenn man jemanden trifft, dessen Namen man vergessen hat.

Französisch

Terroir

Das natürliche Ökosystem/Umfeld, in dem ein Erzeugnis angebaut wird und das die Qualität beeinflusst.

Spanisch

Tertulia

Ein gesellschaftliches Ereignis mit literarischen oder künstlerischen Aspekten.

Thróisma

GRIECHISCH

Geräusch des Windes, wenn die Bäume rascheln.

GRIECHISCH

Thumos

Der tief verwurzelte menschliche Wunsch nach Anerkennung.

Tiám

FARSI

Das Funkeln in den Augen, wenn man jemanden zum ersten Mal trifft.

Thai

Tîeow

Wandern oder einfach herumkommen in einer unbeschwerten Art und Weise.

Isländisch

Tima

Nicht bereit sein, Zeit oder Geld für eine spezielle Sache zu verwenden, unabhängig davon, ob man es sich leisten könnte.

Pascuense (der Dialekt, der auf den Osterinseln gesprochen wird)

Tingo

Stufenweise den Haushalt des Nachbarn übernehmen, indem man sich etwas ausleiht und es nicht zurückgibt.

Schwedisch

Tjuvsmaka

Probieren oder kleine Stücke in der Küche naschen, wenn einen niemand beobachtet.

finnisch

Tokka

Eine große Herde Rentiere.

deutsch

Torschlusspanik

Die Angst, dass sich die Chancen des Lebens vermindern, wenn man älter wird.

russisch

Toska

Man fühlt sich nicht durch Mangel an ansprechenden Stimulanzien gelangweilt, sondern durch die Dinge, die eigentlich interessant sein sollen; das Gefühl, dass etwas fehlt, man aber nicht genau sagen kann, was fehlt.

sanskrit

Tripti

Zufriedenheit mit sinnlichem Vergnügen.

japanisch

Tsundoku

Ein frisch gekauftes Buch ungelesen zum Stapel mit den anderen ungelesenen Büchern legen.

swahili

Tuko Pamoja

»Wir sind zusammen«; Gemeinschaft, Zusammenhalt.

MĀORI

Turanga-waewae

Ein Ort, an dem man sich verwurzelt fühlt.

NORWEGISCH

Tyvsmake

Kleine Stücke vom Essen naschen, wenn man denkt, dass man unbeobachtet ist, vor allem beim Kochen.

HEBRÄISCH

Tzniut

Bescheidenheit, Privatsphäre, Demut (z. B. in Kleidung, Sprache und Verhalten).

Utepils

U

Nguni [Bantu]

Ubuntu

Sich freundlich gegenüber anderen verhalten aufgrund einer tief empfundenen Menschlichkeit.

Niederländisch

Uitbuiken

Zwischen den Gängen oder nach einer Mahlzeit entspannen.

Niederländisch

Uitwaaien

»In den Wind gehen«;
in der Natur spazieren gehen,
um den Kopf frei zu bekommen.

Japanisch

Umami

Angenehm, würzig im Geschmack.

Norwegisch

Utepils

Bier, das im Freien genossen wird
(vor allem am ersten heißen Tag des Jahres).

Japanisch

Utura-Utura

Drift zwischen Schlafen und Wachen.

V

spanisch

Vacilando

Auf Reisen gehen, wobei das Gefühl des Verreisens wichtiger ist als das Ziel.

slowenisch

Vedriti

»In den Schutz nehmen vor dem Regen« (poetisch).

deutsch

Verschlimmbessern

Versehentlich etwas schlechter machen bei dem Versuch, es zu verbessern.

sanskrit

Vipaka

Das Ergebnis, oder Reifung von Karma.

spanisch

Vivencias

Das Leben erleben, tief und intensiv im Hier und Jetzt.

Intensive, freudige Erwartung, abgeleitet davon, sich zukünftige Freuden vorzustellen.
Deutsch
Vorfreude

deutsch

Vorführeffekt

Wenn man jemandem etwas vorführen möchte, das man eigentlich beherrscht, das aber nicht klappt, wenn jemand zusieht.

russisch

Vozdukh

»Der Stapel der Geister«; den Geist einnehmen (beim Einatmen) und den Geist wieder abgeben (beim Ausatmen).

Waldeinsamkeit

W

japanisch

Wabi

Unvollkommene, verwitterte Schönheit.

japanisch

Wai-wai

Der Klang von spielenden Kindern.

deutsch

Waldeinsamkeit

Poetisch für die Abgeschiedenheit des Waldes.

deutsch

Warmduscher

Eine Person, die ungern die Komfortzone verlässt.

Deutsch

Weltschmerz

Grundlose Melancholie.

Māori

Whakakoakoa

Geheimnisvolles Gefühl der Einsamkeit allein im Wald.

Chinesisch

Wú

Leere, das Nichts, das Nichtsein;
im Buddhismus verwendet, bedeutet
es »weder ja noch nein«.

X

Pirahã
Xibipíío
Ein Phänomen an den Grenzen der Wahrnehmung/Erfahrung.
Chinesisch
Xingfu
Glück, Zufriedenheit

Chinesisch

Xiu liàn

Spirituelles Training;
Selbstkultivierung.

Y

»Sie mich begraben«; der Wunsch, vor einer anderen Person zu sterben, weil es unerträglich wäre, von ihrem Tod zu erfahren (z. B. von den eigenen Kindern).
Arabisch
Ya'aburnee

Französisch

Yahourt

Ein ausländisches Lied, dessen Sprache man nicht versteht und das man deshalb nur lautmalerisch nachahmt.

Chinesisch

Yin Yang

Ganzheitliche Dualität, dialektische Gegensätze.

Sanskrit

Yoga

Ein psychologisch-physiologisches System der geistigen Ausbildung und Entwicklung.

Chinesisch

Yuán bèi

Ein Gefühl der vollkommenen Leistung.

Japanisch

Yūgen

Eine Stimmung, in der man fühlt, dass das Universum als Ganzes eine geheimnisvolle, schwer fassbare, aber wirkliche Schönheit besitzt.

Cherokee

Yutta-hey

»Ein guter Tag zum Sterben«; das Leben auf dem Zenit verlassen.

Z

POLNISCH

Zalatwic

Der Auftrag wird erledigt werden,
aber fragt bitte nicht, wie.

JAPANISCH

Zanshin

Ein Zustand entspannter geistiger Wachheit
(vor allem im Angesicht von Gefahr oder Stress).

DEUTSCH

Zeitgeist

Die Definition der Stimmung des Zeitalters.